ECLAIRCISSEMENT

SUR

LA PHILOSOPHIE

HERMETIQUE.

par Gherardini (d'après Barbier)

A LEIDEN.

M. D C C. L.

ECLAIRCISSEMENT SUR LA PHILOSOPHIE HERMETIQUE.

Sistême des anciens Philosophes.

L'AME & le corps de l'Homme est lié par l'esprit, afin qu'il joüisse d'une vie végétale, animale & rationale. Dieu qui a créé l'Homme parfait, & qui l'a enrichi de tout ce qui étoit nécessaire pour vivre éternellement dans le Paradis terrestre, s'il avoit gardé avec fidélité l'obéissance au divin précepte de ne point manger du seul fruit défendu, se pouvant satisfaire de tout le reste qui avoit été créé pour lui. Mais ayant prévariqué, il a perdu tous les avantages que la liberalité d'un Dieu Créateur lui avoit accordé. Sans le péché son corps & son ame auroient entretenu une harmonie si parfaite, que cette nature humaine vivant dans l'innocence, auroit joüi d'une immortalité heureuse. Cette nature humaine considérée par les Philosophes, étoit composée d'un humide radical, & d'une chaleur naturelle qui regnoient dans une parfaite harmonie, & par une inaltérable intelligence gouvernoient toutes les parties non seulement du corps, mais aussi de tous les sens & de l'esprit. Le malheureux péché a dérangé cette aimable alliance, & a eu le pouvoir d'abaisser la force de cette chaleur & dessécher en partie cet humide. De ces deux inconvéniens en sont dérivées les maladies. De la corruption entiere & suppression de cet humide radical & de cette chaleur, la mort s'en est ensuivie.

Ce que considérant les Philosophes & réfléchissant à la miséricorde infinie d'un Dieu Créateur qui avoit donné au premier pere Adam la liberté entiere de l'aimer, obéir, adorer, ou de faire des actions contraires par le privilege de cette volonté libre, ils ont vû tout d'un coup cette malheureuse Créature tomber dans un abîme de maux, assujettie par le péché originaire. Cependant ils ont considéré que puisque ce même Créateur irrité contre sa Créature & sa postérité, vouloit néanmoins être appaisé par un Sacrifice d'une Victime si précieuse, comme étoit l'Incarnation & mort de son Fils unique, & racheter par son mérite les ames de ses Créatures, ils ont reconnu que le même Tout-Puissant avoit laissé à l'homme une médecine suffisante, qui pouvoit réparer les maux & les inconvéniens ausquels la nature humaine étoit assujettie depuis le péché d'Adam. C'est à la recherche de cette médecine qu'ils se sont appliqués, & faisant tous leurs efforts pour pénétrer la vertu intérieure de toutes choses naturelles créées, ils ont enfin obtenu par la miséricorde infinie du Créateur de pénétrer dans le profond sanctuaire de la nature, & de découvrir ce grand Mistere pour soulager l'homme sujet à tant d'infirmités jusques au tems préfix de la mort.

Voilà toute la Philosophie & l'étude des anciens Sages, voilà sur quoi roulent tous les écrits qu'ils nous ont laissé, mais enveloppés de tant de figures, allégories, métaphores, énigmes & géroglìphiques, qu'il a été impossible au commun des hommes de parvenir à la connoissance de ce grand Mistere, lequel cependant Dieu a accordé & inspiré à quelques-uns de ses Elus, afin que cette science ne se perdît pas jusqu'au tems que toutes choses ocultes doivent être révélées & découvertes avant la fin du monde.

Dans le suivant systême qu'on présente au Public, on reconnoîtra facilement le chemin de pénétrer & déchiffrer la science que les Philosophes nous ont laissé. Je la développe le plus qu'il m'est permis, afin que les vrais Amateurs puissent aisément s'y appliquer & reconnoître la route qu'il faut tenir pour y parvenir. Mais que ceux qui s'y appliqueront, commencent par s'examiner & se justifier eux-mêmes si ils sont de ceux qui sont appellés, & non du nombre de ceux dont le Poëte Latin a chanté que l'impie, l'avare, l'impudique, l'ambitieux, l'esclave du monde, & le tyran ne doivent y prétendre ; mais bien celui qui aime la justice, le pauvre qui vit dans l'innocence loin du monde & de ses richesses.

Les Philosophes donc pour conserver cet humide radical, & cette chaleur naturelle ont eu recours à la nature même, & se sont servis de la matiere même qu'elle se sert pour conserver les individus, & qu'elle leur donne pour en faire une quintessence qui ait la vertu de tous les corps qu'elle veut rétablir ou rectifier, & de les ouvrir pour en tirer leurs esprits & les unir à ladite quintessence qui est la médecine qu'ils ont tant recherchée, & qui seule est capable de réparer dans cette vie les maux que la malédiction du péché y a introduit. Voilà la véritable science que le trompeur Galien & ses sectateurs n'ont pû ni voulu connoître, puisque ne reconnoissant pas un Dieu auteur de la nature, ce grand Mystere leur a été & sera pour toujours caché. Profitez donc des travaux des Anciens, demandant continuellement les lumieres du Saint-Esprit, afin qu'il nous enseigne, & nous accorde la connoissance de ses dons.

AVERTISSEMENT.

L'AUTEUR *s'étoit proposé de faire annoncer ce petit Avant-Propos avant de faire publier son Livre, dans les Journaux de Trevoux ou de Verdun, ou dans le Mercure de Paris; mais il il a eu tout sujet de reconnoître, que leur grossiere ignorance les empêchoit de mêler une Science si sublime & si nécessaire dans leurs Imprimés, où depuis longues années ils sont en possession de n'annoncer que des puérilités, des Chansons du Pont-Neuf, des traits de Comédie ou Tragédie, des Contes de vieilles Femmes ou d'Enfans; de prôner des vertus de choses, dont on ne trouve en réalité aucune vérité; ils louent quelques traits de Pédant ou d'Imposteur qui a sçu les intéresser. C'est pourquoi l'Auteur est bien aise de ne voir pas son Ouvrage mêlé parmi tant de mauvaises productions, ni d'étaler aux yeux de l'Europe cette science parmi ces Journaux & Mercures, se souvenant de l'ancienne sentence:* Nolite porrigere lactucas asinis, cum cardui illis sufficiunt, Nolite projicere Margaritas ante Porcos. *Il se contente de publier cet Ouvrage à part.*

Fait à Leiden 1750. LOTTERINGUS.

ECLAIRCISSEMENT

Sur la Philoſophie Hermétique.

LA Philoſophie Hermétique eſt une ſcience ſi profonde & ſi abſtraite, que ceux qui croyent l'acquérir avec facilité & réuſſir dans la pratique ſans avoir fait précéder une étude pénible & difficile, ſeulement parce qu'ils ont parcouru quelques-uns des ouvrages qui en parlent, s'imaginant les entendre, ſont dans l'erreur, & y ſeront toujours. Le plus ſage & le plus prudent pour eux, eſt de ceſſer toutes leurs opérations chimériques, puiſque outre de perdre leur tems & leur peine, ils ſe ruinent encore.

La Science Hermétique demande une étude aſſidue, une profonde méditation des écrits des Philoſophes ; un homme tout entier, je veux dire un homme dont l'eſprit ſoit dégagé de toute autre etude, ou de toute autre occupation ; elle demande enfin un grand nombre de meilleurs Auteurs, parce qu'un Livre indique un autre Livre dans lequel on trouve ſouvent l'explication dont on auroit beſoin. On ne parle point ici de ces Livres de Chimie ordinaires, parce que ceux qui croyent en ſuivant les principes ou les manipulations qui s'y trouvent faire leurs opérations dans le ſens du divin Hermes ſe trompent abſolument. Ni cette eſpece

espece de Chimistes, ni les Médecins; ni les Apotiquaires, ni les Artistes Mécaniques qui suivent la méthode ordinaire ou des receptes particulieres, ne tiennent aucun rang dans l'école des vrais Philosophes: C'est pourquoi, il faut renoncer de cœur & d'esprit à cette fausse Chimie, qui est aussi différente de la vraie, que la lumiere est des ténébres.

Je dis donc d'abord que toute la Science Hermétique consiste uniquement en deux choses; sçavoir, dans le menstrue dissolvant, & le menstrue dissoluble.

Le menstrue dissolvant agit dans toute l'œuvre entiere, au commencement & à la fin, c'est-à-dire, on commence avec lui, & on finit avec lui. Paracelse l'a appellé le grand Alkaest, dont on ne trouve presque rien chez les anciens Philosophes, & Hermes lui-même paroît ne parler que de la seconde opération qui se fait par le menstrue dissoluble, sur lequel & par lequel on fait la Médecine universelle. Le menstrue dissolvant est une quintessence qui a la force & la vertu de dissoudre & d'ouvrir tout corps dur, compact & dissoluble, en le rendant aussi volatil que le dissolvant même, afin de s'unir inséparablement, & qu'ainsi incorporés ensemble, ils se perfectionnent au point d'opérer ce qu'on appelle les miracles de la nature. Cette opération, & de laquelle parle Hermes dans son Œuvre, ne la pas ſçavoir & travailler dans l'eſpérance d'y parvenir, c'eſt conſommer ſon tems inutilement, jamais on n'y parviendra avec tous les Livres & les autres opérations qui ne ſont que des chiméres, il faut néceſſairement un guide qui veuille bien inſtruire de bonne foi.

Cette quinteſſence a des vertus infinies ſur les corps humains, ſur ceux des animaux & ſur les végétaux en l'appliquant extérieurement : Elle guérit infailliblement toutes les maladies de nature froide ; enfin elle eſt la médecine preſque univerſelle avec laquelle on parvient à l'univerſelle.

On traite dans la ſeconde Partie du Menſtrue diſſoluble, qui conſiſte dans le régne minéral avec le ſecours du régne végétal. Hermes l'enſeigne avec tant de clarté & de préciſion dans ſa Table d'Emeraude, qu'il eſt inutile d'avoir recours à aucun Interpréte pour l'expliquer & l'entendre. Tous les Philoſophes, & ſurtout les Anciens, l'ont ſuivi ; mais ſemblables aux avares qui n'ont des tréſors que pour eux, ils en ont écrit comme des envieux, dans un ſtile rempli des métaphores, allégories, des tropes, & des figures, ſe ſervant à chaque inſtant des noms différens, pour rendre cette ſcience plus obſcure, & priver la poſtérité du bonheur de les expliquer ; il faut donc ſuivre le ſeul Hermes, mais le ſuivre pas à pas, & tenir enfin la route qu'il a tenue lui-même, si on ne veut pas se tromper & s'égarer.

Parlons présentement du Mercure, puisque c'est avec lui seul qu'on peut faire toute l'opération. Il faut prendre le Mercure (non le vulgaire) de la mine d'où on le doit tirer, & après l'avoir purifié de toute matiere héterogenée, de façon qu'il soit parfaitement & entierement netoyé, il faut encore en tirer & séparer de lui une vapeur très-subtile qui est causée par son humidité, & qui ne doit nullement entrer ni être mêlée dans l'ouvrage; ainsi séparé de cette vapeur, il faut le mettre sur un feu très-léger & très-doux jusques à ce qu'il commence à s'épaissir & à se coaguler, ce qui n'arrivera qu'après longtems; c'est alors que les Philosophes l'appellent Lune; en continuant la chaleur dans le même dégré il se forme en terre, & pour lors ils l'appellent Soleil ou or, lequel est fixe & très-chaud. Il faut ensuite imbiber cette terre avec une nouvelle vapeur du Mercure, qui boira avec le tems toute l'humidité du Mercure, & en continuant toujours de même il augmentera en quantité & en qualité, en attirant toujours cette humidité des imbibitions réitérées, & en augmentant la masse séche & fixe qui est le vrai or des Philosophes. C'est ainsi que se vérifie la parole d'Hermes, ce qui est dessus est semblable à ce qui est dessous, & ce qui est dessous est ſemblable à ce qui eſt deſſus. La premiere terre n'étoit d'abord qu'une eau & une vapeur, la ſeconde terre, & toutes celles qui ont ſuivies n'ont été qu'eau & vapeur, c'eſt-là cette Eau myſterieuſe & ſolide qui ne mouille point les doigts, ſi recherchée des Philoſophes, parce que c'eſt avec elle ſeule qu'on peut faire la médecine univerſelle, c'eſt le grand ſecret qu'ils ont recommandé ſous peine d'anathême de bien cacher. Le voilà expliqué en peu de paroles. Si quelques-uns en doutent encore, qu'ils étudient, & méditent ſérieuſement les Ecrits des vrais Philoſophes, & ils ſeront convaincus de la vérité. D'ailleurs ſi on veut ſçavoir la vérité & la raiſon du ſecret qu'ils ont exigé avec tant de rigueur, c'eſt que ſi cette Science venoit à être connue à tout le monde, il y auroit à craindre que les Impies & les Méchans n'en fiſſent un mauvais uſage ſans en rapporter la gloire à Dieu, & ſans en faire uſage pour le bien du prochain. Il ſeroit facile de prouver tout ceci par les textes & ſentences des Philoſophes; mais on laiſſe ce ſoin aux amateurs & aux curieux de cette Science. On s'appuye ſeulement ici, & on s'en rapporte uniquement au divin Hermes. Voici l'explication claire & nette de tous les Textes qui ſont dans ſa table d'Emeraude. Il eſt certain que ce qui eſt deſſus eſt ſemblable à ce qui eſt deſſous, & ce qui eſt deſſous eſt ſemblable à ce qui eſt deſſus. On a vû ci-deſſus que tout l'ouvrage ſe fait & ſe perfectionne avec le Mercure ſeul ; ce Mercure doit être compoſé des deux germes, un maſculin & un féminin ; c'eſt-à-dire, de la Lune & du Soleil, ou du menſtrue diſſolvant & du menſtrue diſſoluble qu'on appelle *Rebis*. Or ce Mercure qui d'abord eſt en forme liquide, c'eſt-à-dire, en eau, lorſqu'il ſera ſur un feu très-doux & très-léger commencera peu à peu environ de quarante jours par la vertu de ſon ſouphre intérieur à s'épaiſſir & à ſe transformer en terre, c'eſt ce qu'on appelle la tête du Corbeau, ou noir ; lorſque cette terre ſera entierement ſéche, on jettera deſſus une nouvelle eau ou un nouveau Mercure, qui ſera attiré tout à coup par le premier à cauſe de leur parfaite homogénéité, on continuera ainſi pluſieurs fois les imbibitions, & plus cette terre ou Mercure auront été diſſous & coagulés, plus ils acquerront de force & de vertu pour la tranſmutation & pour la ſanté des corps.

Voilà ce qui prouve ce que dit Hermes, que toute l'œuvre ſe perfectionne avec le ſeul Mercure, compoſé des deux Mercures, l'un eſt diſſolvant, & l'autre eſt coagulant. Vous ſéparerez ce qui eſt ſubtil de ce qui eſt épais doucement & avec précaution pour qu'il puiſſe s'élever de la terre au ciel, enſuite redeſcendre en terre juſqu'à ce que les deux Mercures ſoient parfaitement unis ensemble. Cette sublimation se fait quand on jette le nouveau Mercure sur celui qui est déja transformé en terre, parce que le dissolvant le porte au Ciel, c'est-à-dire, en haut, n'étant qu'une vapeur & une fumée qui réchauffée par la chaleur externe, reçoit le mouvement à raison de sa volatilité, & ainsi uni à sa terre jusques dans ses moindres parties il s'éleve en haut la portant avec lui, parce qu'ils sont pour jamais inséparables; c'est pourquoi on dit qu'il monte au Ciel, & qu'ensuite il redescend en Terre : Voilà la sublimation des Philosophes & d'Hermes lui-même. Cette Terre est leur Soleil, comme le Mercure quand on l'imbibe est leur Lune : c'est le mâle & la femelle qui se sont unis ensemble inséparablement pour créer unc race infinie. Cet ouvrage se fait doucement avec un feu très-léger, comme si on vouloit faire éclore des œufs, c'est pourquoi on l'appelle le feu des aîles, & alors ce qui est subtil se trouve séparé de ce qui est épais, & ainsi il est sublimé, parce que l'humidité une fois desséchée, tout le Mercure se fixe & devient terre, c'est pourquoi la Sublimation d'Hermes n'est autre chose que la subtilisation des corps; lorsqu'il dit, sublimez ce qui est subtil, & séparez-le de ce qui est épais doucement avec un feu très-léger, car le subtil monte de la Terre au Ciel en vapeur, & ensuite redescend en terre, & ainsi reçoit la force & la vertu de pénétrer ce qui est fixe en le rendant subtil. C'est ainsi qu'il faut entendre la Sublimation des Philosophes ; de cette maniere notre Eau vivifie les corps & les mortifie, elle les conduit au couchant & les ramene au levant. Quand elle mortifie les corps, on ne voit paroître qu'une couleur noire lorsqu'ils sont changés en terre par la corruption, ensuite en les vivifiant on voit une infinité de couleurs, qui à la fin deviennent d'un blanc stable & permanent. C'est ainsi que cette Eau nourrit & est nourrie ; elle devient putride & se corrompt, ensuite elle germe & ressuscite, & se vivifie elle-même, alors l'ouvrage est certain. Cuisez-la donc avec son corps jusqu'à ce que toute son humidité soit desséchée par le feu, & qu'elle soit entiérement séche ; alors l'infusion réitérée de l'eau nouvelle qui vivifie les corps morts la fait germer. Elle est la mere de toutes les couleurs & de toutes les Planetes, ainsi l'esprit est joint avec le corps & l'ame, parce que l'esprit est le siége de l'ame tirée des corps en la teinture de l'Eau. (*Tout ceci doit être entendu philosophiquement.*) C'est pourquoi Hermes a dit, semez l'or dans une terre feuillée, & tout ce qui est spirituel dans l'eau fort, & dans le corps, c'est-à-dire dans la terre, reste l'ame qui est la teinture du Soleil, car elle est comme une fumée subtile qui ne paroît pas que dans son effet, ou dans ce qu'elle produit en son action qui est la manifestation des couleurs.

Le feu est engendré par le feu, & nourri par le feu, & est le fils du feu, c'est pourquoi il faut qu'il soit réduit au feu pour ne point craindre le feu. Cette Terre ainsi coagulée & fixée est appellée feu, & a toutes les qualités & propriétés du feu ; ce feu peut être multiplié à l'infini, s'il est nourri par le Mercure, c'est par-là que vous en aurez toujours dans votre maison. Voilà ce qui est la nourriture, l'incération & la multiplication des Philosophes. Servez-vous-en pour la gloire de Dieu, & vous serez heureux.

Voici l'abrégé des explications que j'ai donné au Public dans mon petit Traité intitulé *Urim & Thummim*, pour enseigner au Public la Science Hermetique. Le curieux Scrutateur de cette Science trouvera dans ce petit Traité toute la Science des Philosophes expliquée clairement & fidelement, sans figures, sans allégories & métaphroes. Il ne me reste plus qu'à l'avertir que s'il veut sûrement y réussir, il faut nécessairement & sincérement qu'il abandonne toutes les opérations ordinaires de la Chimie vulgaire, pour travailler philosophiquement avec une étude & une attention qui l'occupe tout entier.

DE SCIENTIA HÆRMATICA.

ELUCIDATIO.

ERRANT, errabunt quotquot in Alkimiâ laborantes ſine difficillimo & longo ſtudio ſe perſuadent ad praticam Scientiæ Hermeticæ primâ fronte pervenire, & perluſtratis ſuperficialiter tantùm aliquot Libris de eâ tractantibus, veritatem invenire confidunt ſecundùm ſenſum verborum. Deſiſtant ita laborantes, ne eorum ſumptus, & tempus deſtruant. Scientia Hærmetica requirit profundum ſtudium, aſſiduam meditationem circa dicta Philoſophorum, totum hominem, relicto omni alio negotio, magnam copiam bonorum Auctorum, quia Liber Librum aperit. Hìc non eſt ſermo de his qui vulgarem Chimiam tractant, & credunt per illam ad ſenſum Hærmetis eorum operationes perducere; ſed falluntur toto cælo, quia nec iſti, nec Medici Galenici, nec Apothicarii, nec quotquot laborant in communi viâ Chemicorum, nec indocti, nec Mecanici, nec particularibus receptis inſiſtentes in hâc ſcholâ ſunt recepti, nec ulla janua ad veros theſauros eſt aperta. Sed iſta Scientia vera diſtat à falsâ Chemiâ, ſicut lux à tenebris: ideò huic toto corde renunciare tenemur.

C

Duo ergo dico esse tantùm necessaria in hâc Arte, in quibus tota Scientia consistit, omnibus aliis rebus cujuscumque generis rejectis. Primum est menstruum solvens quod agit in toto opere; cum illo inchoamus, cum illo perficimus, à Paraeelso vocatum magnum Alkaest, de quo ferè nihil aut valdè parùm apud Philosophos locutum est, particulariter apud Veteres, cùm Hærmes ipse inchoat suam Scientiam per operationem secundi menstrui super quod & sine quo non potest fieri Medicina universalis. Menstruum solvens est una quinta essentia extracta à Mercurio animali & vegetabili, quæ habet vim dissolvendi & aperiendi omne corpus durum & compactum solubile, reddendo illud volatile sicut dissolvens, ut uniantur inseparabiliter & ambo conjunctase perficiantur ad perpetranda miracula naturæ. Hæc quinta essentia est prima & unica operatio Scientiæ Hærmeticæ: qui non habet illam aut non est datum hanc posse perficere, in vanum laborat, nec unquam bonum finem consequetur, nec per Libros, nec per vanas operationes phantasticas ad eam perveniet; sed solùm per demonstrationem fidelis Magistri. Hæc quinta essentia habet multas virtutes super corpora humana, animalia & vegetabilia, applicando exterius, sanat omnes mordos, qui de naturâ frigidâ sunt, & est Medecina ferè universalis, per quam proceditur ad universalissimam. In secundâ parte operis agitur de menstruo solubili, qui consistit in regno minerali cum auxilio regni vegetabilis. Hærmes edocuit hoc opus in suâ Tabulâ Smeragdinâ, tam claré & sine figuris, ut non sit necesse aliquo interprete ad eam explicandam. Omnes Philosophi, particulariter veteres secuti sunt illum, tamen ut invidi locuti sunt per metaphoras, allegorias, figuras, & tropos, & per diversa nomina, non ut explicarent eam, sed ad scientiam magis ocultandam: sequimini ergo divum Hærmetem, & non eritis decepti. Nunc veniendum ad operationem Medicinæ universalis secundùm eundem Auctorem.

Sicut de Mercurio solo (non venali) fit totum opus, sic de eo loquitur. Accipiamus Mercurium è fodinis, à quibus debet extrahi, & illum purificamus ab omni sorde & superfluitate usque ad extremam claritatem, tunc separandus est ab illo vapor subtilissimus qui provenit ex ejus aquositate, quæ non debet intrare nec misceri in opere nostro. Tali vapore habito, tractemus eum igne levissimo, usque incipiat se inspissari, & post longum tempus coagulari, tunc vocatur Luna; continuando calorem in eodem gradu vertetur in terram, quæ accipit nomen Solis vel auri, quia est fixa & calidissima. Tunc imbibenda est ista terra cum novo vapore Mercurii qui similiter bibit ſuo tempore omnem humiditatem Mercurii, & ſic continuando multiplicabitur in virtute & quantitate attrahendo omnes humiditates imbibitionum, & augumentando maſſam ſiccam vel fixam, quæ vocatur aurum noſtrum & verum aurum Philoſophorum. Sic dictum Hærmetis verificatur, quod eſt ſuperius, eſt ſicut quod eſt inferius; & quod eſt inferius, eſt ſicut quod eſt ſuperius, quia prima terra fuit aqua & vapor; ſecunda terra & aliæ ſucceſſivè non fuerunt eodem modo niſi aqua & vapor. Hæc eſt aqua permanens quæ non balneat digitos, in tanto honore habita apud Philoſophos, quia per eam ſolùm conficiunt eorum medicinam. Hoc eſt magnum illud arcanum quod omnes Philoſophi ſub anathemate prohibuerunt revelare. Paucis verbis illud vobis enunciavi: ſtudete nunc & & meditamini ſuper omnes Libros, & ſuper ſcientiam veridicorum Philoſophorum, & comprehendetis me verum dixiſſe. Ideò dicunt, ſi hæc ſcientia in publicum declararetur, pueri illam irriderent. Poſſem mea dicta per omnes textus & aſſertiones Philoſophorum comprobare; ſed relinquo hoc ſtudium Amatoribus hujus Scientiæ & ſolo Hærmetis Triſmegiſtro incumbens, & ejus autoritate contentus, quæ ſub Tabulâ Smeragdinâ continentur explicabo. Verum ſine mendacio quod eſt ſuperius, eſt ſicut illud quod eſt inferius; & illud quod eſt inferius, est sicut illud quod est superius. Nonne dixi vobis quod omne opus fit & perficitur ex Mercurio? Iste Mercurius debet esse compositus ex duobus spermatibus, id est, masculino & fœminino, Lunâ & Sole, vel ex menstruo solvente & solubile. Quod vocatur *rebis*, ideò cùm iste Mercurius qui est in formâ liquidâ vel aqueâ, super ignem levissimum in 40 diebus incipiet paulatim vi sui sulphuris interni se inspissari & converti in terram quæ dicitur caput corvi vel nigredo. Cùm ista terra erit omninò sicca, tunc infunditur nova aqua, id est, novus Mercurius, qui attrahitur à primo coagulato propter eorum conformitatem, & sic continuatur ista imbibitio per multas vices, & quantò plus solvitur & coagulatur ista terra vel Mercurius, tantas virtutes acquirit & potentiam sanandi omne corpus ægrum. Per hoc verificatur dictum Hærmetis quia totum opus perficitur per solum Mercurium. Unum ergò est solvens, alterum coagulans. Sublimabis subtile à spisso suaviter cum magno ingenio ut ascendat à terrâ in cœlum, iterùmque descendat in terram, donec duo Mercurii benè commisti sint. Ista sublimatio fit quando Mercurius projicitur super suam terram, quia dissolvens illam, portat eam ad cœlum, id est, in altum, quia est fumus & vapor, qui foto ab externo calore accipit motum ratione suæ volatilitatis, unitus per minima ſuæ terræ aſcendit in altum, portans ſecum ſuam terram, quia ſunt impoſterùm inſeparabiles, nonne aſcendit in cœlum, iterùmque deſcendit in terram ? Hæc eſt ſublimatio Philoſophorum & Hærmetis : hæc terra eſt Sol eorum, ſicut Mercurius eſt eorum Luna : idem maſculus & fæmina : quia ſe uniuntur nexu inſeparabili ad progeniem infinitam procreandam. Hoc opus fit ſuaviter cum magno ingenio, id eſt, cum leviſſimo igne, ſicut in ovorum expulſione, qui dicitur ignis alarum, & tunc ſubtile à ſpiſſo ſeparatur & ſublimatur ; quia humiditate recedente totus Mercurius fixatur in terrâ. Ideò ſublimatio Hærmetis non eſt niſi ſubtiliatio corporis, cùm dicit ſublima ſubtile à ſpiſſo ſuaviter cum magno ingenio. Aſcendit enim terra per vaporem, iterùmque deſcendit in terram, & recipit vim ſuperioris ſubtilitatis penetrandi, & inferiorem gravitatis remanendi. Sic intelligite ſublimationem Philoſophorum. Item aqua noſtra vivificat corpora, & mortificat. Deducit ad occaſum & reducit ad ortum. Ipſa colores nigros apparere facit in mortificatione, dum convertuntur in terram putrefactione. Poſt apparent multi & varii colores in dealbatione, quorum omnium eſt finis dealbatio ſtabilis. Sic aqua noſtra nutrit, & nutritur, putrefit, & corrumpitur, deindè germinat & reſurgit & ſe ipſam vivificat. Quando aqua congelat se ipsam, tunc opus verè certificatum est. Coquite eam cum suo corpore, donec siccetur humiditas ejus ab igne & sit omninò sicca. Tunc continua appositionem novæ aquæ, quæ vivificat corpora mortua & germinare facit. Ipsa est mater omnium colorum & omnium Planetarum, & sic spiritus conjungitur cum corpore & animâ; nam spiritus est locus animæ, & anima à corporibus extracta, est aquæ tinctura. Ideò Hærmes dixit, seminate aurum in terram foliatam, deindè recedit aqua spiritualis, & in corpore, id est, in terrâ remanet anima quæ est tinctura Solis, nam ipsa est sicut fumus subtilis, nonnisi in effectu apparens, sed ejus actus est manifestatio colorum, & ignis ex igne generatur & nutritur in igne, & est filius ignis: ideò oportet reduci ad ignem, ut non timeat ignem. Terra ista sic coagulata & fixata vocatur ignis, & habet proprietates ignis & virtutes. Iste ignis est in infinitum multiplicabilis, si cum Mercurio nutries eum, ut nunquam extinguatur in domo tuâ. Hæc est cibatio, hæc est ceratio, & multiplicatio Philosophorum. Utere ad Dei gloriam ut scis, & beatus eris in hoc mundo & in alio.

Hìc compendiosè tractavi, & edocui quæ in meo Opusculo sub titulo Urim & Thummim in publicum expono, ad totam Scientiam & Practicam Artis Hærmaticæ patefaciendam. Curioſius inquiſitor in illo tractatu, verè fideliter ſine figuris, allegoriis & metaphoris de verbo ad verbu totam Scientiam Philoſophorum inveniet explicatam. Unum eſt illi neceſſarium ad eam conſequendam, ut rejectis omnibus operationibus vulgaris Artis Chemiæ, tantùm Philoſophicis incumbat, & in illis omne ſtudium, & ſeipſum conſecret, &c.

LOTTERINGUS.

www.ingramcontent.com/pod-product-compliance
Ingram Content Group UK Ltd.
Pitfield, Milton Keynes, MK11 3LW, UK
UKHW021159230726
13926UKWH00001B/197